Yrene Santos es una poeta singular que fabrica su poesía de las cosas cotidianas, más su poesía es una experiencia única. Ella ve la vida de una manera distinta, y en su canto así nos transmite su visión; ese mundo suyo que es de todos también, ya que, con su manera sencilla de expresar su poesía, así nos lo hace ver. Cada verso suyo es una calle distinta que recorremos llevados de su mano. Su poesía es un abrazo fraternal sin importar el credo, color o raza del que la escucha. La poesía de Yrene es una experiencia que, si después de oírla no nos hace sentir mejor, al menos nos queda el deleite y el gozo estético de su palabra.

José de la Rosa
Poeta y dramaturgo dominicano

Yrene Santos is a singular poet who weaves her poetry from everyday things, but her poetry is a unique experience. She sees life in a different way, and in her song, she transmits her vision to us; that world of hers that belongs to everyone too, since her simple way of expressing her poetry is how she makes us see. Each of her verses is a different street that we walk on with her. Her poetry is a brotherly hug regardless of the creed, color or race of the listener. Yrene's poetry is an experience that, if after hearing it does not make us feel better, at least we are left with the delight and aesthetic joy of her word.

José de la Rosa
Dominican poet and playwright

Después de la lluvia

After the Rain

MUSEO SALVAJE
Colección de poesía
Homenaje a Olga Orozco

Homage to Olga Orozco
Poetry Collection
WILD MUSEUM

Yrene Santos

Después de la lluvia

After the Rain

Traducido por/Translated by
Pilar González

Nueva York Poetry Press LLC
128 Madison Avenue, Oficina 2RN
New York, NY 10016, USA
Teléfono: +1(929)354-7778
nuevayork.poetrypress@gmail.com
www.nuevayorkpoetrypress.com

Después de la lluvia / After the Rain
© 2024 Yrene Santos

©Translation and Prologue:
Pilar González

ISBN-13: 978-1-958001-27-1

© *Wild Museum Collection / Colección Museo Salvaje vol. 61*
(Homage to Aída Cartagena Portalatín)

© Editor in Chief & Publisher:
Marisa Russo

© Editor:
Francisco Trejo

© Comments:
José de la Rosa
Marianela Medrano

© Blurb:
Abeer Abdel Hafez

© Cover Designer:
William Velásquez Vásquez

© Layout Designer:
Moctezuma Rodríguez

Santos, Yrene
Después de la lluvia / After the Rain / Yrene Santos. 1st Bilingual Ed. New York: Nueva York Poetry Press, 2024, 166 pp. 5.25" x 8".

1. Dominican Poetry. 2. Hispanic American Poetry. 3. North American Poetry.

All rights reserved. No part of this publication may be reproduced, distributed, or transmitted in any form or by any means, including photocopying, recording, or other electronic or mechanical methods, without the prior written permission of the publisher, except in the case of brief quotations emboied in critical reviews and certain other non commercial uses permitted by copyright law. For permissions contact the publisher at: nuevayork.poetrypress@gmail.com

A mis hijos,
por sus abrazos tan llenos de amor.

A la memoria de José Miguel de la Rosa.
Siempre en mi corazón y mis pensamientos.

*To my children,
for their hugs so full of love.*

*In memory of José Miguel de la Rosa.
Forever in my heart, and my thoughts.*

Agradecimientos

Agradezco inmensamente a Johanna Smith, por regalarme su tiempo, su oído y sus sugerencias.
Y desde luego, por la frase que nos une.

A Pilar, mi hija, por la traducción. "Mami, si yo traduzco el libro, también escribiré el prólogo", me dijo muy decidida. "¡Me harías muy feliz!", le dije. Y ustedes lectores, créanme, eso es algo muy especial.

Acknowledgments

I am very grateful to Johanna Smith for giving me her time, her ear, and suggestions. And of course, for the phrase that unites us.

To Pilar, my daughter, for the translation. "Mami, if I translate the book, I will also write the prologue," she said very decidedly. "That would make me very happy!" I responded. And readers, trust me, that is a very special thing!

PRÓLOGO

Ser la hija de una poeta significa crecer con colores, risas, largas conversaciones, pinturas, abrazos, besos, y estantes llenos de libros. Libros en las esquinas, entre papeles, libros sobre las camas, libros que hemos leído varias veces, o que estamos leyendo y libros que algun día serán leídos. Significa encontrar un amigo en Don Quijote y Sancho Panza, ser inspirada por las hermanas Mirabal y descubrir la implacable fortaleza y poder de la mujer a través de ellas. Significa escuchar a Pablo Neruda recitando sus poemas en un cassette y tertuliar con mi mamá y sus amigas. Yo, de niña, calladita, sentada en el piso del hogar de Daisy Cocco De Filippis, mirándolas compartir vinos, quesos, galletas, y poemas. Observándolas, con uvas entre mis manos, escuchando sus cuentos, admirando a ese grupo de mujeres que me ayudaron a crecer, a ser la mujer que soy hoy.

Después de la lluvia es una colección de poemas cuyas vidas comenzaron cuando yo apenas estaba en el vientre de mi madre, hasta décadas después, cuando ella tuvo el coraje de liberarse de las cargas de una vida que ya pasó. En su primer poema, "Partida," ella habla de un momento crucial en su vida: emigrar de la República Dominicana para comenzar de nuevo en los Estados Unidos. El poema es agridulce porque en él, ella deja la vida que conoce, pero "con el vientre preñado de ternura / jardín completo creciendo alegre." A través de este poemario, aprendemos que la felicidad que tanto buscamos puede ser muy diferente de la que nos imaginamos. Esta noción ha sido una lección para mí, más aún a medida que iba traduciendo este libro.

Yrene Santos, mi madre, es una mujer que ejemplifica la feminidad y la humanidad para mí y para tantas personas que la han conocido durante su vibrante vida. Como su hija, ella me ha bendecido con el privilegio de eschuchar el trabajo de su alma desde que me trajo al mundo, y yo, junta a mis hermanos, la he apoyado, escuchado, y la he abrazado cuando los poemas que les estaban naciendo no eran tan alegres. La poesía de mi mamá refleja su ser interior, es la forma más pura de su expresión espiritual, y confieso que eso no lo comprendí hasta que me tocó traducir sus palabras. El arte de la traducción es delicado, y como estos son los versos de mi madre, el acto de escoger las palabras adecuadas fue el ejercicio de poner juntas las piezas de mi niñez y entender sus motivos, su lógica, y los valores fundamentales que nos enseñó cuando las cosas se pusieron difíciles. En este libro, también encontré un espejo que ha sido un recuerdo constante y necesario de que somos iguales—que ser como tu mamá, en mi caso, es reconfortante, especialmente porque hubo un tiempo breve en mi vida que pensé que ella no me entendía para nada. Traducir este libro me ha enseñado que la vida es una colección de ciclos, y no siempre entenderemos por qué somos quienes somos, pero debemos saber que no estamos solas en nuestras experiencias. Muchas de ellas las compartimos con nuestras madres, aunque quizás no, al mismo tiempo.

Ahora, a más de una década de su publicación original, quiero compartir esta versión de **Después de la lluvia** con ustedes—relatos, sueños, epifanías, afirmaciones en la cuales se pueden encontrar todos—con el motivo de agrandar el alcance de sus palabras. Este es su primer libro publicado en inglés, y es un honor presentarles a Yrene Santos, mi madre. Espero que su tenacidad, amor, curiosidad y alegría llenen sus corazones y me acompañen a navegar en su mundo para encontrar esa fuerza y esa paz que tal vez no nos hemos dado cuenta que siempre han estado ahí, con nosotros.

PILAR GONZÁLEZ
Nueva York

Prologue

To be the daughter of a poet means growing up with colors, laughter, long talks, paintings, hugs, kisses, and books. Shelves upon shelves of books. Books stacked in corners mixed with piles of paper, books on our beds, books we've read time and time again, and books we'd get to someday. It means finding a friend in Don Quixote and Sancho Panza, being inspired by las hermanas Mirabal and discovering the unrelenting strength and almighty power of women through them. It means listening to Pablo Neruda recite his poems on a cassette tape. And it means hanging out with my mom and her friends at Daisy Cocco De Filippis' home as they sit around a wine and cheese spread and read each other's poems, as I sit quietly on the floor next to them with a handful of grapes, and listen to their stories, admiring the group of women who shaped me into the woman I am today.

After the Rain is a collection of poems whose lifetimes span from when I was in my mother's womb, to decades later, when she decided to have the courage to release herself from the burdens of a now-past life. In her first poem, "Departure," she speaks of a pivotal moment in her life: emigrating from the Dominican Republic in order to start anew in the United States. The poem is bittersweet in that she is leaving all she has known, while at the same time, "tender-wombed / a garden complete, happily growing." What we learn through reading this collection of poems is that the happiness that we so long for and work for can, and most likely will, look very differently than what we imagine it to be at the start. This notion has become a lesson for me, even more so as I translated this book.

    Yrene Santos, my mother, is a woman who exemplifies not only femininity, but humanity as a whole for me and for many of the other people she has encountered throughout her vibrant life. As her daughter, I have been blessed with listening to her soul's work ever since she brought me into this world, and I, along with my brothers, have stood by her, listened to her, and held onto her when the poems coming out of her were not so happy. My mother's poetry reflects her most inner being, the purest form of her spiritual expression, which I admit I did not completely understand until I was tasked with translating her words. The art of translation is a delicate one, and being that these are my mother's words, the act of choosing which words best express what she intended was an exercise in putting together the pieces of my childhood and better understanding her reasoning, motives, and the core values she instilled in us when things became difficult. In this book, I also found a mirror that serves as a constant and necessary reminder that we are one and the same— that being like your mother, in my case, is reassuring, especially because there was a brief time in my life when I didn't think my mother understood me at all. Translating this book taught me that life is a collection of cycles, and we may not always understand why we are who we are, but we must know that we are not alone in our experiences. Many of our experiences are shared with our mothers, even if they might not look exactly the same.

Now, over a decade after its original publication, I am sharing ***After the Rain*** with you—tales, dreams, questions, epiphanies, affirmations that so many people can see themselves in—with the purpose of widening the scope of her words. This will be her first book of poetry published in English, and I am honored to introduce Yrene Santos, my mother, to more of the world. I hope her tenacity, love, inquisitiveness, and joy seep into your hearts as you join me in making sense of our lives together and finding a kind of strength and peace we may not have known was there all along.

PILAR GONZÁLEZ
New York

Gracias a la vida que me ha dado tanto.

VIOLETA PARRA

En el blanco atardecer de la memoria,
Corres muchacha, cara al viento.

HILDEBRANDO PÉREZ GRANDE

Thanks to life, that has given me so much.

VIOLETA PARRA

In the white sunset of memory
you run, girl, face to the wind.

HILDEBRANDO PÉREZ GRANDE

Partida

Allá dejé cuerpos que me aman
corazones fracturados desde antes del abrazo
ese que dividiría esta vida en un antes y un después
vine con el vientre preñado de ternura
jardín completo creciendo alegre

Departure

There I left those who love me
Hearts torn before the embrace
That would divide my life into before and after
I came, tender-wombed
A garden complete, happily growing

CUESTIÓN

He hablado de la nostalgia
como un hijo que se resiste a salir del útero
por temor a que lo castiguen
pero la nostalgia... ¿me premia o me castiga?

QUESTION

I have spoken of nostalgia
Like a child who resists birth
For fear of being punished
Nostalgia…does it reward or punish me?

Tríptico

Estoy tocando con mis ojos lo esplédido
la velocidad constante de las olas
este río cabe en ellos como las memorias
que traigo debajo de mis cabellos

En lontananza
Veo a esos rostros que extraño
sus sonrisas abarrotadas de ternura
para evitar mi llanto
pienso en las palabras que quisiera escribir
para que no se pierdan con el tiempo
siento una llovizna detrás de mis pestañas
siento que reviento de nostalgia
Pero estoy feliz de respirar
de escuchar la risa de los seres que amo
de los brazos que me abarcan antes de dormir
y que otras veces
me sacan de donde quise quedarme
allí disfrutaba de otros colores de la vida

Como los pensamientos en mi cabeza
los barquitos cruzan rápido
los grandes barcos viajan lentísimos
sus habitantes quieren llevarse un pedazo de aire
el baile del agua

Hudson y Harlem River visten de arriba abajo
los nombres los números el verde el sueño y
         los desvelos
Aquí en medio de estos puentes
la gente va o viene de una cita con el amor
con el llanto con la esperanza
a mi espalda otros sueños se construyen
bajo esta temperatura inverosímil

Aquí converso
con mi cuerpo converso
lo extiendo para fortalecerme
a esta edad reciente

Aquí
espero que termine el juego
para regresar a mi casa llena de olores añejos
nuevos y renovados

Aquí hablo y me entiendo con mi alma
limpio mi círculo para seguir adelante
aprovecho la soledad
este silencio de boca cerrada

A diez minutos alejados de la mitad del día
me doy cuenta que doblaré el tiempo
y debo buscar otras palabras
para escribir otro poema
para continuar el diario de toda mi vida

Triptych

My eyes touch the magnificent
The steadfast speed of the waves
This river hides within them like the memories
I carry under my hair

In the distance
I see faces I miss
Their smiles brimming with tenderness
Stifling tears
I think of the words I'd like to write
Before they disappear in time

I feel droplets behind my eyelashes
I am bursting with longing
But I am happy to breathe
To listen to the laughter of those I love
To feel the arms that hold me before sleeping
And that at other times
Remove me from the place I wished to stay
Where I enjoyed different colors of life

Like my thoughts
The boats pass quickly
The bigger ones travel slowly
Its passengers wish to take away a whiff of air
And the water's dance

The Hudson and Harlem rivers dress from head to toe
The names   numbers   dreams   sleeplessness   all that
      is green

Here between these bridges
People go or come from a rendezvous with their love
Tearful   hopeful
Tearful   hopeful
Other dreams are being constructed behind me
Even in this bitter weather

Here I speak
I speak with my body
I stretch it to make myself stronger
On my birthday
Here
I wait for the baseball game to end
So I may return to the new and renewed
Old aromas of my home

Here I speak and come to an understanding with my soul
I clean my circle to move on
I take advantage of solitude
Of this closed-mouthed silence

Ten minutes past midday
I realize that time will be multiplied
And I should search for other words
To write another poem
To continue the diary of my everyday life

RESOLUCIÓN

Caminos ignotos
recorre el señor
viejo de sueños
memoria bifurcada en dos

Camina con los ojos del tiempo
y no sabe si reir
llorar
o ninguna de las dos
tal vez sería la solución perfecta
empezar de nuevo
sin los miedos constantes
levantar la voz desde las vísceras
jugar a la sapiencia
arrepentirse de lo que creyó un error
inclinar la mirada hacia el infinito
buscar un camino nuevo
lleno de fe
de voluntad
encontrarse consigo mismo
con el que fue antes y que un día olvidó

RESOLUTION

The man wanders
Through unknown paths
Aged by dreams
His memory split in two

He walks with time's eyes
And doesn't know whether to laugh
Or cry
Or neither
Perhaps the perfect solution would be
To begin again
Without constant fears
To find his visceral voice
To be wise
To regret his errant ways
To shift his gaze to the heavens
And look for a new path
Full of faith
Of will
To reencounter himself
Who he was and who he once forgot

CARA A LO INSENSIBLE

Es visible
y nadie le hace caso
Era visible
y nadie le hizo caso
Se detuvo
oprimió su soporte
hasta que sus manos enrojecieron
Todo se volvió verde
cuando respiró cansado
y abrió sus ojos
El aire se volvió llanto
humedeciendo así
el corazón de algunos
Le colgaba el sufrimiento
en la mitad de su pierna
No ve bien –pensé–
Preguntó a todos y a nadie
si allí era el Brooklyn Bridge
y salió
se fue
perdiéndose en las escaleras
y el gentío

FACING INSENSIBILITY

He is there
And no one cares
He was there
And no one cared
He stopped
Squeezed his cane
Until his hands reddened
Everything turned green
When he breathed exhausted
And opened his eyes
The air wept
Dampening
The hearts of some
Suffering hung
From the middle of his leg
He can't see —I thought—
He asked everyone and no one
If that was the Brooklyn Bridge
And he left
Getting lost in the staircase
And the crowd

Expuesta

Dentro del parpadeo de las calles
los pasos rotos
la humareda de las respiraciones
atrapadas en el subway
me desnudé
delante del hombre
que prometió hacerme suya en la otra vida
en la que tendré mañana
entre retazos de tierra florecida
Me les enseñé a todos
al que tocaba su violín abuelo
a los que atestiguan cansancio
en los pasillos profundos
cargando todos los temas de la vida
Me les enseñé a todos
y todos
cerraron los ojos

EXPOSED

Within the blinking of the streets
The broken footsteps
The clouds of smoky breaths
Trapped in the Subway
I undressed
In front of the man
Who promised to make me his
In another life
In the one I'll have tomorrow
Between bits of blooming land

I showed myself to everyone
To he who played his old violin
To those who attest to weariness
In the buried corridors
Bearing all the burdens of life

I showed myself to everyone
And everyone
Closed their eyes

NADA NUEVO

La vida es una gota de agua dividida
la sonrisa (o la risa) que parecía eterna
era mentira
los acuerdos
las palabras creadas en instantes
la soledad temblando de recuerdos
las miradas eran poemas en nuestros ojos
la libertad de nuestros cuerpos
Abiertos   dichosos
la melancolía deseada y vivida
es cierto que la calma
es una gran sorpresa
Me desvelo como siempre
sigo escuchando a Serrat   a Silvio   a Pablo
y en mi sala bailo El Bolero de Ravel
He decidido alegrar mis oídos aún cuando duermo
mi vecina atenta se acurruca a su amante
se vuelven jóvenes sus labios y sus manos
su horizonte se amplía en la garganta
entre sus piernas
Puedo imaginarla
creando una nueva geometría
mientras yo
me quedo rendida en este sueño
donde viajo... y viajo... y viajo
hasta donde decida el pensamiento ajeno

NOTHING NEW

Life is a drop of water divided
The smile (or laugh) that seemed endless
Was a lie
The agreements
Words created in moments
Loneliness trembling with memories
The gazes were poems in our eyes
The freedom of our bodies
Open   lucky
Melancholy desired and lived
It's true that calm
Is a surprise
I lie awake as always
Still listening to Serrat   Silvio   Pablo
And dance to El Bolero de Ravel in my living room
I've decided to liven up my ears even as I sleep
My neighbor curls up beside her lover
And their lips and hands become young
Her horizon expands in her throat
between her legs
I imagine her
Creating a new shape
While I
Remain drained in this dream
Where I fly…and fly…and fly
Until somebody's thoughts awaken me

BÚSQUEDA

Caminé despacio
escalé las alturas de los sueños
Creí
volverme loca de amor cuando vi la luz
agigantada en esa piel
un ángel pequeñito se posó en sus orejas
y hasta ahora no he sabido
por qué tan largo el susurro
solo sé que un miedo me miró
Y yo
que no encontraba la forma de huir
inventé gestos
canté una canción sin voz
murmuré en medio de esta soledad
y recordé lo dulce que es sentir todo de todo
entonces olvidé la pena de desnudar mi lengua
resbalé de emoción entre palabras
y sentí un vértigo dichoso
no hizo falta pronunciar nombres
para completar esta paz
que duele dulcemente en mi pecho

SEARCH

I walked slowly
I scaled the heights of dreams
I believed myself crazy with love
when I saw the light enlarged on his skin
A tiny angel landed on his ears
And until now
I haven't known why the whispers are so long
Only that fear faced me
and I
Not knowing how to escape
Invented gestures
Voiceless I sang
I murmured in the middle of this solitude
And remembered how sweet it is to feel everything
So I forgot the shame of baring my tongue
I stuttered between words
And felt a blessed vertigo
Names were not needed
To complete the peace
That sweetly pangs my chest

ESPERANZA

Necesito tiempo para regresarme entera
adonde dejé los sueños y las pasiones
los ojos idos en la oscuridad del mar
la bendición del llanto y la ternura
las palabras frescas
nacidas del tiempo y la distancia
acariciar el silencio en medio de la tenue luz
saborear la vida en otra dimensión
aclarar el pensamiento
para que el amor corra entre los campos
y la bondad se adueñe eterna

HOPE

I need time to return
To where I left my dreams and passions
Eyes lost in the darkness of the sea
The blessing of tears and tenderness
The refreshing words
born of time and distance
I need time to caress the silence amid the dim light
To taste life in another dimension
To clear my thoughts
So that love can run in the fields
And kindness can reign forever

INQUIETUD

Sigilosamente
se paró de la cama
hurgó en los anaqueles
misterios
          quejidos
esperanzas deshechas

Aprovechó la quietud
la huida del alma
Buscaba algo que sólo sentía
donde se estiran los huesos para liberar a un inocente
quizás genio
tal vez esclavo
algo que sólo sentía en sus senos enormes y libres
en el púlpito agigantado de su útero

Algo que sólo sentía
donde no puede explicar

RESTLESSNESS

Carefully
She rose from bed
Rummaged through the shelves
Mysteries
Moans
Shattered desires

She used the silence
The soul's escape
She looked for something she only felt
Where bones stretch
To liberate an innocent
Perhaps a genius
Maybe a slave
Something she only felt in her large free breasts
In the enlarged pulpit of her uterus

Something she only felt
In a place she could not describe

PLEGARIA

Abrázame con tus ojos de pájaro
que asustado huye de su nido al cielo
enrédame los pies desnudos
envuélveme con ellos
deja caer en mi rodilla la baba nacida en tu lengua
suelta sonrisas
libera tus labios
vuelve del fondo
encuéntrate con Dios en el camino
y hagan cómplices sus sueños
edifiquen una gran pirámide de amor
debemos decir tantas cosas para que amanezca claro

Abrázame
deja cuajar tus lágrimas hasta volverse hielo
hielo espejado sonriéndole a la lluvia desde la ventana
Abrázame
desde ti

PRAYER

Embrace me with your eyes of a bird
That flees from its nest to the sky
Tangle up my naked feet
Wrap me in them
Let the saliva from your tongue fall onto
My knee
Smile
Free your lips
Return from the depths
Find God on the way
And connect your dreams
Build a pyramid of love
Saying all of this will
Brighten the morning

Hold me
Allow your tears to harden into ice
Glittery ice smiling at the rain
From the window
Hug me
From inside you

FÉNIX

La luna es un trozo de memoria
abarcando mis ojos
La vi flotar en océanos
nadé ansiosa para recuperarla
pero un rayo gritó fuerte
partiendo en dos los mares
me quedé en el medio
colgando de un relámpago
una lluvia de espejos cayó vertical
en distintos tamaños
colores y formas
casi ciega estuve de forzar mi mirada
Recordé entonces el origen
e intenté moverme
Pasaron minutos
y me miré cristal
estatua
hielo
carbón
sueño

PHOENIX

The moon is a fragment of memory
Covering my eyes
I saw it floating on the ocean
I swam anxious to retrieve her
But a bolt cried loudly
Parting the sea in two
I stayed in the middle
Hanging from the lightning
A shower of mirrors of
Different sizes
Colors
Shapes
Fell
Nearly blind from squinting
I remembered the beginning
And I tried to move
Minutes passed
And I became glass
A statue
Ice
Carbon
A dream

Nuevo comienzo

Olvidó ser poeta
en estos días
donde la memoria
está solo para sacar cuentas
maltratar el corazón
volverse vieja en los cabellos
y regresar sin deseo a los insomnios
Vivió haciendo honor a la paciencia
dándole tiempo al tiempo
acomodando razones
para evitar tristezas
Sin embargo
hubo un día
en que se agotaron los valores
y rompió sus principios
convirtiéndose en alguien que desconocía
Los ojos abrió sorprendida
cantó por la calle
y mientras caminaba
aprendía a ordenarse
antes de hacer frente
a las nuevas caras que vería
y a las que llevaba dentro
atrapadas
para no quedarse sola

NEW BEGINNINGS

She forgot how to be a poet
During the days
Where the brain
Exists only to do the math
To damage the heart
To grow old in the hair
And return to insomnia
She lived honoring patience
Giving time to time
Adjusting excuses
To avoid disappointments
Nonetheless
One day
Courage was exhausted
She forgot her principles
And became someone she didn't know
Surprised she opened her eyes
She sang on the streets
And as she walked
She learned to adjust herself
Before she confronted
The new faces she'd see
And those she kept inside of her
Trapped
Avoiding loneliness

I

Me gusta caminar
encontrar gente sonriente
niños que juegan con sus años
viejitos respirando sus recuerdos
me gusta sentir esta amalgama
de cariños esparcidos

I

I like to walk
To meet smiling faces
Children who play with their years
Old people breathing their memories
I like to feel this amalgam
Of scattered warmth

II

Quisiera olvidar el tiempo
que me corre por la piel
las bofetadas cosidas a minutos
las mañanas sin el canto de los pájaros
Detenerme en la pregunta
y renunciar a esta forma de vivir

II

I'd like to forget the time
That runs through my skin
The blows sewn into minutes
Mornings without the bird's song
I'd like to stop myself in the question
And renounce this way of living

III

Era inútil
se iba
se negaba a reconocer la razón
Mundos sueltos rodaban
entre el pasado y el presente
el cuerpo construido durante días y días
años y años
para terminar así

III

Useless
He'd leave
And refused to acknowledge why
Worlds undone wavered
Between the past and present
A body built for days
Years
And it ends like this

IV

Al final me lleno de voces
Las almaceno a todas
Para no olvidarlas
Para no irme sola
Por ese camino incierto

IV

In the end I am filled with voices
I collect them all
So I won't forget them
So I won't walk on this uncertain path alone

V

He de jugar con mis manos
algunas veces
Antes acostumbraba a deslizarlas
como tortuga entre lugares remotos
que esconde la piel
Ejercitarlas de otra forma
en medio de tantos papeles indispensables
dispersos
en el espacio en que vivo

V

I should play with my hands
Sometimes
Before I would slide them
Like turtles between the remote crevices
Hidden in my skin
Make use of them in different ways
Amid hundreds of indispensable pages
Strewn
In the space where I live

VI

Digo placer
digo placer y miedo
digo placer y miedo rejuveneciendo
digo placer y miedo rejuveneciendo caminos
caminos olvidados
caminos olvidados y sabios
caminos olvidados sabios y llenos de memorias
Escapo
escapo y río
escapo y río largo
hasta que desaparece mi sombra

VI

I say pleasure
I say pleasure and fear
I say pleasure and fear renewing
I say pleasure and fear renewing paths
Forgotten paths
Wise and forgotten paths
Wise and forgotten paths full of memories
I escape
I escape and laugh
I escape and laugh for a while
Until my shadow disappears

VII

Tocarte implica
abrir la puerta
dejarte entrar
regocijarse
estar preparada
Piel
Uñas
Cabellos
Sudor
Sonrisa

Enloquecer
para darle paso a la libertad

VII

Touching you means
Opening the door
Letting you in
Rejoicing
Preparing myself
Skin
Nails
Hair
Sweat
Smile

Becoming crazy
To make room for freedom

VIII

Entre los poetas que amo
se desvaneció mi olfato el gusto el tacto
Sólo el oído me quedó para escuchar el tiempo
y mis ojos
para ver detrás de los suyos
lo que nunca llegaron a decir

VIII

Among the poets I love
My senses of smell taste and touch fade
Only my hearing remains to listen to time
And my eyes
To see behind theirs
The things they never got to say

IX

Ojos cayendo de las caras más lindas
oídos abiertos
dedos ardiendo en las magulladuras del tiempo
me dio pena el hueco vertical agrandándose
y el abrigo cansado de manipular con los brazos
gritándole a la espalda que ya lo deje en paz

IX

Eyes falling from the loveliest faces
Open ears
Fingers burning in the bruises of time
I felt sorry for the deepening abyss
And the coat tired of swinging its arms
Yelling at the back to leave it in peace

X

Vestida de ángel llegué hasta tu lecho
Perforé tus sueños con mis alas

X

I arrived at your bed dressed like an angel
And pierced your dreams with my wings

XI

¿Por qué me abro hacia ti como un amanecer espléndido?

XI

Why do I open myself to you like a splendid sunrise?

XII

Esta noche camina por mi cuerpo
Mi cuerpo es un jardín que espera
Hay surcos en él
Deshabitados

XII

Tonight walks on my body
My body is a garden waiting
Its trenches are empty

Espejismo

Lo vio y se quedó con el deseo de tocarlo. Era parte de lo que siempre había soñado, desde que se le estrechaba el vientre y la garganta. Ignoraba si sus amigas de igual edad sentían lo mismo, pero ella apetecía tocar aquella cara, deslizar las puntas de los dedos por esa piel, por ese cuello sin estorbos. Hacerle hoyitos sin herirlo.

Le hubiera gustado sentir su sangre caliente agitársele hasta bañarla. Pero él, tan ingenuo, tan indefenso, ni siquiera la miraba y ella tan tímida, tan zoqueta, se partía en dos, en tres ¿quién sabe? porque él tropezara con sus ojos callados, lánguidos. Recurrir al lápiz y al papel era su único aliento. ¡Oh Dios! Como deseó tener sus manos entre las suyas, sus ojos de mar atravesándole los senos. Inútil era soñar.

ILLUSION

She saw him, but he left before she could touch him. He was a piece of her dreams, from the days when her womb and her throat narrowed. She ignored if her friends her age felt the same, but she craved to touch that face, to slide her fingertips on that skin, on that bare neck. To sink them into him without hurting him.

She would have liked to feel the agitation of his warm blood until it washed over her. But he, so naïve, so defenseless, did not look at her, and she, so timid, so silly, split in two, in three —who knows!— so that his quiet, languid eyes would stumble upon hers. Turning to a pencil and paper was her only relief. Oh, God! How she wished to hold his hands in hers, his ocean eyes pierced her breasts. Dreaming was useless.

Dream

Él
con su vestimenta de terciopelo gris
sujetándola a la pared
delicado santificador del tiempo
Beduino fugitivo de los ríos de arena
sus ojos
aceitunas navegando en su piel de azabache

Ella
cubierta con su sari de colores multiplicados
tejía sus labios

Barbas con historias antiguas
entraban salían entraban
con gestos unificados

Ella
bañada de emoción
parada
encorvada
revuelta
se resistía a despertar
a abandonar esa vida
o regresar de esa muerte
manoseada por el sueño

DREAM

He
With his gray velvet suit
Pins her to the wall
Delicate sanctifier of time
Runaway Bedouin from sandy rivers
His eyes
Olives sailing on his black amber skin

She
Covered in her vibrant sari
Wove her lips

Beards with ancient histories
Came   left   came again
In unison

She
Bathed with excitement
Standing
Bent over
Unruly
Resisted waking
Resisted abandoning that life
Or returning from that death
Fondled by this dream

A ESA LUZ QUE EN UN SUEÑO ME BENDIJO

Ella, apoyada en la puerta roja y abierta
recordaba los tiempos de la niñez en la villa
Las bocanadas de risas
mientras jugaban al pañuelo
en el patio de la escuela
Una luz arropó su preñez bendita y allí
en su centro
sonreía el bebé
Miraba con una expresión de ternura y alegría
Movía sus manitas
Alas recién encontrándose
Con el mundo antes de salir

TO THE LIGHT THAT BLESSED ME IN A DREAM

She, leaning on the open red door
Reminisced about her childhood in the village—
The mouthfuls of laughter
While they played Drop the Handkerchief
In the schoolyard
A light blanketed her divine pregnancy and there
In the center
The baby smiled
Its gaze was warm
Happy
It moved its little hands—
Wings that met the world
Before its arrival

¿QUÉ SIGNIFICA *coup d'état*?

Imagine un reptil ahorcando un corazón
Creerse en el derecho de vaciar la prepotencia
En el más débil
Cobardía barata
Pecar de ignorante cuando era otro el rumbo
De la primera idea
¿Humanidad?
Como se vuelve tonto el ser en un segundo
Como se rompen los huesos de la concordia
Por una simple pregunta
Como se edifica un silencio
Extendido desde cuatro paredes
Hasta donde termina el aliento
Ser transformado en un segundo
Instante que cambió todo el ritmo
Como volverse otro y cambiarle la cara a la emoción
Hay instantes de ceguera en cada cuerpo
En cada esqueleto vestido con camisas delicadas y corbata
¿Cómo se remedian los errores?
Se pasa de la depresión al llanto que llueve en el estómago
Se extirpa la sonrisa que parecía interminable
La risa de los sueños cortan de una cuchillada
Todos los versos escritos en el vientre
Se detienen tajante las manos
Y son lavadas
Una y otra vez

WHAT DOES *coup d'état* MEAN?

Imagine a serpent choking a heart
Believing himself worthy of emptying arrogance
Onto the weak
Cheap cowardice
Ignorance a sin
When that was not the plan
Humanity?
Oh how one becomes dumb in a second!
The bones of peace break
Because of a simple question
Silence builds
Extends past the four walls
Until the place where the breath stops
To be transformed in a second
A moment changed my rhythm
Oh how to become someone else and change the face
Of my emotions!
There are moments of blindness in all bodies
In every skeleton dressed in delicate shirts and ties
How do we remedy errors?
Depression becomes a cry that rains in the belly
The seemingly endless smile is erased
The laughter of dreams stabs out
All of the verses written in the womb
Suddenly
The hands stop
And are washed
Over and over again

ODA AL MODERNISMO

> Hoy, en plena primavera,
> dejo abierta la puerta de la jaula al pobre pájaro azul
> RUBÉN DARÍO

La música viene sujetando las cornetas del viento
Ha invadido sus oídos con sus hormigas dulces
Le rechina la sangre
Se vuelve bizca su sombra
Nadie puede con su cuerpo
sólo las uñas del alma podrían levantarlo
llora
grita
solloza
se espanta en el silencio
salta desde la oquedad hasta el piélago
cree
miente
cree de nuevo en estos hilos conectando
el infierno con la gloria
Suspira
no tiene sangre para pintar el deseo
Se ha cobijado en una esquina
a escuchar pequeños ángeles invocando
-dame esa manta para creerme Dios-
Leo pienso pregunto…

Sus ojos han salido corriendo por la habitación
Inmóvil e incrédula me he quedado
Los horóscopos se las traen a veces
El romántico / el soñador
ha muerto y no es para menos
su realidad petrificada entre los párpados
la pared retrocediendo desde el corazón hasta la puerta
las pinturas desmoronándose sin atajos
el aire tragándose la vida

No más perlas ni carruajes
cargarán a Dios y sus papeles
no más colores ensanchados en la víspera del abrazo
La maestra lo dijo:
-Regresarás con las colinas sobre tus pies y un canto
        más real

ODE TO MODERNISM

> Today, in the middle of spring,
> I leave the cage door open for the poor bluebird
>
> Rubén Darío

The music arrives holding onto the horns of the wind
It invades his ears with its sweetness
His blood creaks
His shadow is warped
Only the nails of the soul could lift him
He cries
He screams
He sobs
Becomes afraid in the silence
Jumps from the hole into the sea
He believes
He lies
Believes again in the threads that connect
Heaven and hell
He sighs
And runs out of blood to paint his desires
He crouches in a corner
To listen to the tiny angels singing
"Give me the cloth and I'll be God"
I read
I think
I ask...

His eyes have scurried across the room
Motionless and incredulous
I have become
Horoscopes do it to themselves sometimes
The romantic/The dreamer
Has died and it's no wonder
His reality has calcified between his eyelids
The wall recoiling from his heart
To the door
Paintings crumble quickly
The air swallows life

No more pearls and carriages
Will carry God and his sheets
No more colors expand on the eve of
An embrace
The teacher said it:
"You will return with the hills on your feet
    and a song that is true"

El mar tambien elige
Puertos donde morir.
Como los marineros.
El mar de los que se fueron
llegó con tres heridas:
la del amor,
la de la muerte,
la de la vida.

Miguel Hernández

> The ocean also chooses
> ports on which to die.
> Like the sailors.
> The sea of those who left
> returned with three wounds
> love,
> death,
> and life.
>
> MIGUEL HERNANDEZ

ANTE MIS OJOS

Nombres en muros caídos por la vejez
cruces torcidas por la
brisa
lápidas curtidas por la tristeza
apellidos en todos los idiomas:
Guzmán Mohammed Smith Maleoni Diallo Beegan
y sus fechas: 1776 1830 1846 1861 1898...
continúan ahí
detenidas
olvidadas
para que yo los mire
desde la altura que me permite el tren

BEFORE MY EYES

Names on walls fallen with age
Crosses bent by the wind
Tombstones tinged by sadness
Last names in every language:
Guzmán Mohammed Smith Maleoni Diallo Beegan
And their dates: 1776 1830 1846 1861 1898
And so on
Broken
Forgotten
So that I could look at them
From up here on the train

8 DE ABRIL

Para Jeffrey Pérez

Ayer fue un día largo y silencioso
Faltaba en el aire una respiración fresca y jovial
A las ocho
Un latido en mi pecho se hizo ancho y triste
Una imagen se tornó sombra en mi memoria
Una conversación inexistente inventé en mi salón de clase
Cuando encendí las luces y me divisé sola
Entre sillas y mesas desordenadas
Su nombre, consonantes y vocales repetidas
su apellido singular machacando mis sesos
No alcancé a conocer su juventud
Se me corrió el dolor
Espiral jugando al susto
Al temor de un último abrazo

APRIL 8

For Jeffrey Pérez

Yesterday was a long and quiet day
The air lacked fresh and jovial breaths
At eight
A beat in my chest became sad and wide
An image became a shadow in my memory
I began a tenuous conversation in my classroom
When I turned on the lights and found myself alone
Amidst messy tables and chairs
His name, repeated consonants and vowels
His last name crushing my senses
I never got to know his childhood
Pain slid onto me
A spiral playing with fear
Dreading a final embrace

Tarde Pendiente

A Carlos Rodríguez
In memoriam

Colgando de sus labios quedaron las palabras
en una cama inmensamente diminuta
no fue justo el tiempo con sus sueños
Risas y carcajadas alegrísimas
se pegaron al oído que eternizaría su voz
su transparencia
El espacio no fue nada y lo fue todo
en la tarde que corría
entre acrílicas
cervezas y poesía
Riverside
ya no disfrutará de los pies que anduvieron sus peldaños
cada día
Hoy el suelo llora
porque un rastro de abrazos
ha quedado en el corazón de un vecindario
agrandado por la pena
Su voz
amalgama de repeticiones que partieron
con el sol dormido de esa tarde
Fue un ortodoxo del silencio y de la bulla
de dejar correr los ojos por la memoria en tránsito
de la vida hacia la muerte y de la muerte hacia la vida

"La palabra gorjea" dijo una vez un poeta
desde los papeles intactos de un cuarto en luto
El poeta se rindió
murió tragando tiempo
y saboreando espera

Pending Afternoon

For Carlos Rodríguez
In memoriam

The words were left hanging from his lips
On a tiny bed
Time was unfair to his dreams
Giggles and boisterous laughs
Latched onto the ear that would immortalize his voice
His transparency
The space was everything and nothing
In the afternoon
Between acrylics
Beers and poetry
Riverside
He would no longer enjoy the feet that
Visited the stairs every day
The floor cries today
Because a trail of caresses
Was left in the heart of a neighborhood
Widened by pity
His voice
Amalgam of repetitions that left the sun
That was asleep since noon
It was a tradition of silence and sound
Of letting the eyes wander through moving memories
From life to death and death to life

"The word trills" said a poet once
From the papers intact in a room in mourning
The poet surrendered
He died swallowing time
And savoring the wait

Poema 22

Para mi inolvidable Mamá Titico
Por dejarme su cara de alegría, a pesar del sufrimiento

En la ventana
el viento sopla
sopla y habla
habla y canta
Un dejo de tristeza se adhiere a mis rincones
Sé que es ella
sacudiendo las alas para emprender su vuelo
lo supe desde que sonó el reloj
y las cortinas se esparcieron sobre mi cabeza
Pienso en el tiempo y me duele la vida
y me duele la muerte
pero dar gracias con amor
bendice al ser humano
al que se va
y al que queda
¿por dónde andaría su memoria cuando estaba sola?
La imagino sentada
suspirando
conversando con su pasado más remoto
cuando tejía las trenzas a su madre
y en las rodillas de su padre jugaba sin cesar
¡Cómo me duele el tiempo Ángela!
Cuentos   confesiones y rezos
buscando rostros nunca vistos

y un "porque te quiero a ti"
machacando mis sienes
sintiéndome un ser que nadie conoce
Ángela como me duele el tiempo
pero como me alegra esta manera de palparlo
de conocerlo

POEM 22

For my unforgettable Mamá Titico
For leaving me her smiling face, despite her suffering

In the window
The wind blows
Blows and speaks
Speaks and sings
An aftertaste of sadness
Makes itself comfortable in my nooks
I know it's her
Shaking her wings to take flight
I knew it as soon as the clock chimed
And the curtains scattered above my head
I think of time and life pains me
Death pains me
But to give thanks with love
Blesses the people
Blesses those who leave
Those who stay
What did she think of when she was alone?
I imagine her seated
Sighing
Conversing with her most distant past
When she'd braid her mother's hair
And played on her father's knees
Oh time pains me Angela!
Stories confessions and prayers
Searching for unseen faces

And a "porque te quiero a ti"
Crushing my temples
Feeling like someone unknown to everyone
Angela time hurts me
But how joyous it is to touch it like this
To know it this way

Mundo lleno

Estoy muriendo
segundo a segundo
lo siento en mi sangre
en mis uñas
en mi garganta
llena de burbujas secas
pero no quiero morir…
tengo miedo de irme
y dejar a mis hijos
cargando con ese peso
tan grande que es la ausencia

Ahora voy en el tren subterráneo
que me lleva hasta donde está mi cama
salpicada de cartas libros
pequeñas notas y trozos de tibieza
Voy sostenida en un tubo
para no caerme
voy sintiendo el mismo frío
que llega cada vez que tengo
esta sensación de vacío
este vértigo que me hace
balancear en círculos
chocándome con dedos rostros
y pechos ajenos

Hay cientos de mundos distintos a mi alrededor
capaces de olvidar

        de reconstruir
        de crecer
Y nuevamente veo mis uñas
con ese azul-violeta que
las visita hace unos días
y el temor me invade
Hay una tela en mis ojos
pero aún así
no impide que yo vea
todos esos mundos que me pueblan

Oye
Escucha
No me dejes morir
con este hueco que se
ancha que se alarga
que se viene y que se
aleja
Es ese mi mundo

Es ese jardín que se
marchita y que no le basta
lluvia
sol
viento

Es el jardín de mi muerte

FULL WORLD

I'm dying
Second by second
I feel it in my blood
In my nails
In my throat
Full of dry bubbles
But I don't want to die…
I'm scared to go
And leave my children
Carrying the weight
That comes with absence

I'm on the subway now
That takes me to my bed
Strewn with letters books
Little notes and bits of warmth
Holding onto a pole so as not to fall
Feeling the same coldness
That visits me every time
I feel empty
Every time this vertigo causes me
To sway in circles bumping into
Unfamiliar fingers faces and chests

Hundreds of worlds surround me
Capable of forgetting

        Rebuilding
        Growing
And I see my nails again
With that purplish-blue hue
That has consumed them lately
And the fear takes over me
There's a cloth in my eyes
But it does not deter me from seeing
The different worlds around me

Listen
Do not let me die
With this hole that
Widens stretches
That comes and goes
That is my world

It is the garden that fades and
Never has enough rain
Sun
Wind

It is the garden of my death

GEOMETRÍA

> La palabra se levanta
> de la página escrita
> OCTAVIO PAZ

Veo
Callo
Escucho
Callo

Silencio mi lengua sin haber hablado
Llevo tantas palabras en mi cuerpo
Cargo palabras Largas

            Larguísimas
Cortas
                  Quebradizas
     Onduladas
                        Entrecortadas
Inclinadas
             Circulares
Espirales
  Mudas
             Sorpresivas   Ahogadas
Vestidas   Desvestidas
       Vestidas a medias de penas y de risas

Callo y mis ojos gesticulan
Formas irreconocibles
Para quien no me conoce

GEOMETRY

> The word lifts off
> of the written page
> OCTAVIO PAZ

I see
I hush
I listen
I stop

I silence my tongue without having spoken
I carry so many words inside my body
I bear long words

                    Very long
Short
                              Fragile
Curvy
                      Faltering
Willing
      Round   Spiraled

  Mute
             Unexpected   Breathless
Dressed   Undressed
      Half-dressed with shame and laughter

I fall and my eyes make
Unrecognizable shapes
For those who do not know me

Caminando hacia Hostos

Por la calle
a pasos lentos
dejo mis huellas en el calor
en la resequedad de la tierra
del asfalto
de la yerba reverdecida por el comienzo
de la primavera
Desde hace días
súbitos pensamientos abastecen mi cerebro:
los viajes   los juegos   el trabajo
el miedo   los besos de despedida
la duda   la culpa   la falta
todo se conjuga en el tiempo
mientras mis pies
dibujan cuadros sin forma
con un vacío que se vuelve infinito
en mi cabeza
en los calendarios
en la posición en que duermo
Voy a la calle
llego de la calle
salgo nuevamente
una y otra vez
ando por ella
se multiplica mi cuerpo
y veo a Yrene en todos lados
las examino parte por parte
y descubro unos ojos cansados

semi arropados
anhelando una luz
que perdió no sabe dónde
y mientras corro   camino   o viajo
para hablar de poesía
de mi vida si es preciso
pienso en el *Ensayo sobre la ceguera*
y un temor se agiganta en mi cuerpo
mi cuerpo
que pide un sueño profundo
sin pesadillas
sin sueños con orgasmos eternos
sólo un sueño suave
sólo

WALKING TO HOSTOS

Step by step
I leave my footprints in the heat
In the dryness of the soil
Of the asphalt
Of the grass rejuvenated by the beginning
Of springtime
For many days now
Sudden thoughts occupy my mind:
Travels games work
Fear goodbye kisses
Doubt blame absence
Everything is conjugated in time
While my feet scribble
Shapeless forms
With an endless void
In my head
In my calendar
In the way I sleep
I go outside
I return
I go back
Over and over
I roam
My body is multiplied
And I see Yrene everywhere
I observe them piece by piece
And I discover
Tired eyes

Half-closed
Longing for a light that she lost somewhere
And as I run walk or fly
To speak of poetry…
Of my life, if necessary
I think of *Ensayo sobre la ceguera*
And dread awakens inside my body
My body
That begs for a deep sleep
Without nightmares
Without eternal orgasms
Only a simple dream
Alone

BATALLA

Corre el tiempo en las calles   en los libros
detrás de mis ojos
partículas de humo escapan por mis pestañas
pierde mi cerebro el equilibrio   la libertad   la fuerza
debo y quiero sacar de mis huesos
de mi sangre
todo lo que me hace sentir que estallaré
Hay que bregar con las miradas   los gestos   el desaliento
las posibles respuestas que quemarán las siguientes
noches
Baja y sube el ánimo   la esperanza la alegría el sueño
En un parque me siento
busco el momento para rehacer mi mundo
reconstruir instantes
Y poner en orden mi itinerario

BATTLE

Time races on the street
In books
Behind my eyes
Wisps of smoke escape from my eyelids
My brain loses its balance its liberty its strength
I should and I want to remove from my blood and bones
All of which causes me to burst
We must struggle though stares gestures discouragement
The potential responses that may burn the following
Nights
Energy hope happiness sleep
All waver
In a park I sit
I try to rearrange my world
Revive memories
And plan for tomorrow

AMANECER

> Cuando cesa mi llanto empieza mi danza.
> Y danzo porque conozco el placer...
> ...Retorno a mi tiempo de las moradas infinitas,
> al que pertenezco.
> MÍA GALLEGOS

Amo
Me entrego
Descubro el placer de la piel y la sangre
Muevo mis ojos hacia donde está Dios
Mirándome
Observándome
Limpia de odios
Le saludo con mi mirada
Perdida en el aire
Una sensación resbala por todo mi cuerpo
Y muerdo el grito que asalta mi garganta
Un susto que alegra
Aloca mis brazos
Y mis manos van a los párpados
Los bajan
Una fuerza inusual las tira a las sábanas
Las aprieta en formas distintas
Y la garganta explota
Y el grito escapa
Profundo
Me olvido del vecino
Del teléfono que se vuelve inoportuno
Del tiempo que me asedia

Y pienso solo en mí
En este regalo que merezco
El sueño llega
Y el temor me invade
Desde mi inconsciencia
Me veo dormida
Desnuda
Con una tranquilidad que abruma
Busco una nueva forma en la cama
Respiro satisfecha
Liviana
Se ha vuelto oscuro el día
Entonces llueve
Racimos de agua caen mansos
Me levanto
Desde la ventana
miro los árboles
Cantando la canción de la dicha
Paz perpetuada en la tierra
Y de nuevo siento el grito
Atrapado en mi garganta
Pero hay algo que difiere del primero
No me pesa el deseo
Estoy liberada de miedos
En mis ojos cabe más la noche y sus misterios
La lluvia en las ramas
Me devuelve a los años donde todo era inocencia
Y me percato
de que ha sido largo el tiempo
Que todas las edades tienen su parte hermosa
Es cierto que hubo llantos

Quemando las paredes
Humedeciendo almohadas
Sábanas y libros
Pero hoy
La lluvia ha lavado los dolores viejos

Dawn

> When my crying stops my dancing begins
> And I dance because I know the pleasure…
> …I return to my time of endless dwellings,
> to which I belong.
> MÍA GALLEGOS

I love
I surrender myself
I discover the pleasure of skin and blood
I move my eyes toward God who
Looks at me
Observes me
Free of hate
I greet him with my gaze
Lost in the air
A sensation permeates through my body
And I bite the scream lodged in my throat
A scare that makes me happy
Maddens my arms
And my hands reach for my eyelids
They close them
A force flings them onto the sheets
Grabs them in different ways
And my throat explodes
And the cry escapes
Profoundly
I forget my neighbor
The phone that has become useless
Time that pesters me

And I think only of myself
Of this gift that I deserve
Sleep arrives
And dread takes over
From my unconscious
I watch myself sleep
Naked
With an overwhelming peace
I search for another position on the bed
I sigh with satisfaction
Lightly
The day is dark
And it rains
Clusters of water fall gently
From the window
I look at the trees
Singing a song of hope
Peace perpetuated on earth
And I feel the cry once again
Trapped in my throat
But something is different this time
Desire does not weigh on me
I am free of fears
Night and its mysteries fit in my eyes
The rain on the branches
Brings me back to a time of innocence
And I realize
That a long time has passed
That all of the stages of life
Are beautiful
It's true – there were tears

Burning the walls
Moistening pillows
Sheets and books
But today
The rain has washed it all away

ANOCHE REGRESÓ LA PALABRA

Anoche regresó la palabra estrenando alas
trajo con ella el gesto recurrente
un canto renovado en nuevas voces
indiferentes hasta hoy
se despertaron angustias
la esencia de los días

Ya se verán correr torrentes inimaginables
imágenes crecidas
en la vitalidad de hombres y mujeres recién conocidos
huellas dejadas en los caminos

Se necesitaba un apoyo
se consiguió más que eso
se han abierto callejones
Avenidas
Puertos
Oídos
Corazones
En buena forma
Se revela un nuevo ser

My Words Returned Last Night

My words returned last night
Flaunting wings
They brought along recurring gestures
A song sung with different voices
Indifferent until today
The anguish
And essence of the days
Awakened

Unimaginable floods will flow

Images nurtured
In the energy of men and women
Who just met
Footprints left on the trail

Support was needed
And more was received
Roads have opened
Avenues
Harbors
Ears
Hearts
In a great way
A new being reveals itself

INVENTARIO

A mi adorado papá, por el café de los domingos,
el amor conjugado en sus ojos
Y tantos momentos que disfrutamos juntos.

Mientras esperamos entre paredes pálidas
converso con mi padre
enredamos las risas haciendo memoria
de la juventud lejana
esa que quedó atrás
con los hijos ya grandes
y los nietos que tanto se quieren
Pasan los saludos
sonrientes nos miramos
relajados
satisfechos
Y hasta olvidamos la penita
que nos trajo aquí

INVENTORY

To my adored father, for his Sunday coffee,
the love conjugated in his eyes
And the magical moments we enjoyed together.

As we wait between pale walls
I speak with my father
Our laughter dances as we remember
Our distant youth
That was left behind
With the children – now grown
And the grandchildren who they love so much
People wave hello
Smiling we look at each other
relaxed
satisfied
Even forgetting the pain
that brought us here

3 DE ENERO

Para Margarita y Stephanie
por darme luz este día

En mi rodilla la inocencia parece crecer
escuchando los versos que llegaron el día anterior
desde el lejano apartamento
allí donde el incienso viste los abrazos
los aretes en la mesa
los rebozos sobre las sillas y muebles dan un toque de
confesión con la vida
los libros y los cuadros bien puestos
en la esquina justa
en la pared precisa
y la música esperando ser escuchada
aunque llegue la lluvia y bañe las miradas
cómplices   amigas   profundas
las que se quedan en los ojos
Y una foto del Ché
en el rinconcito donde se juntan el corazón y el alma
el cerebro que se ejercita para devolver la memoria
y reencontrarse con el dolor
con las puertas tapiadas
con los monstruos que acechan

En mi rodilla ella pide otro poema
mira los pajaritos y a la mujer
que en la puerta espera

ella escucha los versos acomodada en mi rodilla
sus ojos hermosos me miran y sonríen
La calma llega saludable a la cocina
Mañana cuajada de luz

JANUARY 3

For Margarita and Stephanie
for bringing me joy today

Innocence seems to grow on my knee
Listening to yesterday's verses
From the old apartment
Where incense covered each embrace
The earrings on the table
The scarves on the chairs and sofas
Add a touch of honesty to life
Well-placed books and pictures
In the perfect corner
On the wall
And music waiting to be heard
Even if the rain falls and washes away the faces
Knowing   friendly   thoughtful
The ones that remain in our eyes
And a picture of el Ché
In the corner where the heart and soul meet
The brain that trains itself to return memories
And reunite with pain
With its secured doors
And peering monsters

On my knee she asks for another poem
She watches the birds and the woman
Waiting by the door

Seated on my lap she listens to verses
Her gorgeous eyes look at me and smile
Stillness enters the kitchen
Morning bathed in light

EN DÍAS PASADOS

En días pasados
Empecé a reinventar la canción del amor
Miles de horas pasé flotando en la inseguridad
Pesadillas enormes me volvieron nómada en la cama
Cada día un corazón distinto conversaba conmigo
Y el abismo creció
Se volvió horizonte lleno de jardines increíbles
Sombras agasajando mis pasos
Un amanecer se posó en mi ventana donde mi imagen
      se enterneció
(y ese amanecer con forma de ángel traspasó el cristal
me envolvió con cuidado y me llevó con él)
No me trajo de vuelta
hasta cuando yo sólo era
un punto agarrado al cordón umbilical

IN DAYS PASSED

In days passed
I began to rewrite the song of love
Spent thousands of hours floating in insecurity
Nightmares transformed me into a bedridden nomad
A different heart spoke to me every day
And the void grew
It transformed into a horizon of majestic gardens
Shadows celebrating my steps
Dawn perched itself on my windowsill
    where my reflection remained
(And dawn in the shape of an angel
Came through the glass
Carefully enveloped me
Took me with it)
And it didn't bring me back
Until I was just a spot clinging to an umbilical cord

DISFRUTE

> Si para algo vale la pena vivir
> es para querer y ser querido.
> Es lo que mueve mis pasos
>
> JOAN MANUEL SERRAT

Hoy la mañana fue completamente mía
el jengibre la manzana y la canela
le dieron un sabor fresco a mi boca
Mis canciones favoritas armonizaron esas horas
        nubladas y frías
Y sentí que la vida tenía un sentido renovado
Inhalé un aire largo y mi vientre se infló de gozo
Luego exhalé despacio todos los deseos insatisfechos
Cerré los ojos
Apoyé mis dedos en los párpados recién lavados
Le conocí otra cara al mundo

Joy

> If there is anything worth living for
> it's to love and be loved.
> That's what moves my steps forward
>
> JOAN MANUEL SERRAT

This morning was completely mine
Ginger apple and cinnamon
Freshened the taste in my mouth
My favorite songs brightened
The cold and cloudy hours
And I felt that life's meaning was renewed
I inhaled deeply and my womb filled with joy
Then I slowly exhaled the unfulfilled wishes
I closed my eyes
Touched my fingers to my damp eyelids
And met the other face of the earth

VERDADERAMENTE

Demoledores los signos estos días
he decidido pensarte
para acabar con este rompecabezas
que me ha presentado la vida
He conseguido alivio
en las palabras de Dalai Lama
de Tagore
de Thomas Moore
Me he bañado de olores
olores en mi cuerpo
en mi ropa de dormir
en todos los pasillos de mi casa
Ahora saboreo una nueva luz
luz que sin egoísmos
se agiganta
se riega por donde quiera que ando
Sola
con mis hijos
con todos mis amores
todos se cobijan bajo esa transparencia
que dan las nuevas ideas
y las recién-estrenadas sonrisas

He acomodado los libros
de acuerdo a la prioridad de entonces
y aunque parezca increíble
fuera de tu cuerpo
Siguen existiendo las metáforas

TRULY

The signs have been overwhelming lately
I've decided to think about you
In order to end the puzzle
That life has given me
I've found solace
In the words of the Dalai Lama
Of Tagore
Of Thomas Moore
I've bathed in aromas
In my body's perfume
In my nightgowns
In the hallways of my home
Now I taste new light
A light that generously
Grows
And follows me wherever I go
Alone
With my children
With all my loves
Everyone nuzzles under the transparency
That comes with new ideas
With new smiles
I've organized my books
According to what is important now
And though it seems impossible
These metaphors continue to exist
Outside of you

La poesía de Yrene Santos se caracteriza por una claridad y sencillez que trascienden la cotidianidad sin ignorarla. En *Después de la lluvia* examina su condición humana, su condición de inmigrante, sin centrarse en lo individual. Cada poema parece ser un espejo que ella nos extiende para entender lo comunitario, la nostalgia y la melancolía que traemos bajo el brazo los inmigrantes.

MARIANELA MEDRANO, PHD
Escritora y psicoterapista dominicana

Yrene Santos's poetry is characterized by a clarity and simplicity that transcends everyday life without ignoring it. In *After the Rain*, she examines her human condition, her immigrant status, without focusing on the individual. Each poem seems to be a mirror that she extends to us to understand the community, nostalgia, and melancholy that we immigrants bring under our arms.

MARIANELA MEDRANO, PHD
Dominican writer and psychotherapist

ACERCA DE LA AUTORA

Yrene Santos. República Dominicana, 1963. Villa Tapia, provincia Hermanas Mirabal, República Dominicana. Tiene una licenciatura en Educación, mención Filosofía y Letras de la Universidad Autónoma de Santo Domingo y una maestría en Literatura Hispanoamericana de The City College (CUNY). Ha publicado: *Del ayer y estos días*, *Poemas que nunca leo*, *Septiembre casi termina*, *Me sorprendió geométrica (poemas reunidos)*, *El incansable juego,* entre otros. Es co-organizadora del Festival de poesía de Las Américas de Nueva York (TAPFNY) y Secreteria General de la Asociación de Escritores Dominicanos en los Estados Unidos (ASEDEU). Profesora de español en The City University of New York y St. John's University.

About the Author

Yrene Santos. Dominican Republic, 1963. Villa Tapia, Hermanas Mirabal Province, Dominican Republic. Master of Education and Latin-American Literature. Publications include: *Del ayer y estos días, Poemas que nunca leo, Septiembre casi termina, Me sorprendió geométrica (poemas reunidos), El incansable juego,* among others. Co-organizer of The Americas Poetry Festival of New York (TAPFNY) and Secretary-General of the Asociación de Escritores Dominicanos en los Estados Unidos (ASEDEU). Adjunct Professor of Spanish at The City University of New York and St. John's University.

ACERCA DE LA TRADUCTORA

Pilar González (New Haven, Connecticut, EE.UU.). Actriz, traductora e instructora de teatro en Los Ángeles, CA. Obtuvo una licenciatura en teatro y escritura creativa de City College (City University of New York). Ha traducido poemarios de Eduardo Lantigua, Chary Gumeta, Carlos Aguasaco, Tomás M. Galán, Carlos Velásquez Torres, entre otros.

About the Translator

Pilar González (New Haven, Connecticut, U.S.A.). Dominican-American actor, translator, and theater educator in Los Angeles, CA. Received a B.A. in Theatre and Creative Writing from the City College (City University of New York). She has translated books of poetry by Eduardo Lantigua, Chary Gumeta, Carlos Aguasaco, Tomás Modesto Galán, Carlos Velásquez Torres, among others.

ÍNDICE/INDEX

Después de la lluvia
After the Rain

Agradecimientos · 12
Acknowlegments · 13

Prólogo · 15
Prologue · 19

Partida · 30
Departure · 31
Cuestión · 32
Question · 33
Tríptico · 34
Triptych · 36
Resolución · 38
Resolution · 39
Cara a lo insensible · 40
Facing Insensibility · 41
Expuesta · 42
Exposed · 43
Nada nuevo · 44
Nothing new · 45
Búsqueda · 46
Search · 47
Esperanza · 48
Hope · 49
Inquietud · 50
Restlessness · 51

Plegaria · 52
Prayer · 53
Fénix · 54
Phoenix · 55
Nuevo comienzo · 56
New Beginnings · 57
I · 58
I · 59
II · 60
II · 61
III · 62
III · 63
IV · 64
IV · 65
V · 66
V · 67
VI · 68
VI · 69
VII · 70
VII · 71
VIII · 72
VIII · 73
IX · 74
IX · 75
X · 76
X · 77
XI · 78
XI · 79
XII · 80
XII · 81

Espejismo ·	82
Illusion ·	83
Dream ·	84
Dream ·	85
A esa luz que en un sueño me bendijo ·	86
To the Light that Blessed me in a Dream ·	87
¿Qué significa "coup d'état"? ·	88
What Does "coup d'état" Mean? ·	89
Oda al Modernismo ·	90
Ode to Modernism ·	92
Ante mis ojos ·	96
Before my Eyes ·	97
8 de abril ·	98
April 8 ·	99
Tarde pendiente ·	100
Pending afternoon ·	102
Poema 22 ·	104
Poem 22 ·	106
Mundo lleno ·	108
Full World ·	110
Geometría ·	112
Geometry ·	113
Caminando hacia Hostos ·	114
Walking to Hostos ·	116
Batalla ·	118
Battle ·	119
Amanecer ·	120
Dawn ·	123
Anoche regresó la palabra ·	126
My Words Returned Last Night ·	127

Inventario · 128
Inventory · 129
3 de enero · 130
January 3 · 132
En días pasados · 134
In Days Passed · 135
Disfrute · 136
Joy · 137
Verdaderamente · 138
Truly ·139

Epílogo / *Epilogue* · 141

Acerca de la autora · 146
About the Author · 147

Acerca de la traductora· 148
About the Translator · 149

WILD MUSEUM
MUSEO SALVAJE
Latin American Poetry Collection
Homage to Olga Orozco (Argentina)

1
La imperfección del deseo
Adrián Cadavid

2
La sal de la locura / Le Sel de la folie
Fredy Yezzed

3
El idioma de los parques / The Language of the Parks
Marisa Russo

4
Los días de Ellwood
Manuel Adrián López

5
Los dictados del mar
William Velásquez Vásquez

6
Paisaje nihilista
Susan Campos Fonseca

7
La doncella sin manos
Magdalena Camargo Lemieszek

8
Disidencia
Katherine Medina Rondón

9
Danza de cuatro brazos
Silvia Siller

10
Carta de las mujeres de este país /
Letter from the Women of this Country
Fredy Yezzed

11
El año de la necesidad
Juan Carlos Olivas

12
El país de las palabras rotas / The Land of Broken Words
Juan Esteban Londoño

13
Versos vagabundos
Milton Fernández

14
Cerrar una ciudad
Santiago Grijalva

15
El rumor de las cosas
Linda Morales Caballero

16
La canción que me salva / The Song that Saves Me
Sergio Geese

17
El nombre del alba
Juan Suárez

18
Tarde en Manhattan
Karla Coreas

19
Un cuerpo negro / A Black Body
Lubi Prates

20
Sin lengua y otras imposibilidades dramáticas
Ely Rosa Zamora

21
*El diario inédito del filósofo vienés Ludwig Wittgenstein /
Le Journal Inédit Du Philosophe Viennois Ludwig Wittgenstein*
Fredy Yezzed

22
El rastro de la grulla / The Crane's Trail
Monthia Sancho

23
Un árbol cruza la ciudad / A Tree Crossing The City
Miguel Ángel Zapata

24
Las semillas del Muntú
Ashanti Dinah

25
Paracaidistas de Checoslovaquia
Eduardo Bechara Navratilova

26
Este permanecer en la tierra
Angélica Hoyos Guzmán

27
Tocadiscos
William Velásquez

28
*De cómo las aves pronuncian su dalia frente al cardo /
How the Birds Pronounce Their Dahlia Facing the Thistle*
Francisco Trejo

29
El escondite de los plagios / The Hideaway of Plagiarism
Luis Alberto Ambroggio

30
*Quiero morir en la belleza de un lirio /
I Want to Die of the Beauty of a Lily*
Francisco de Asís Fernández

31
La muerte tiene los días contados
Mario Meléndez

32
Sueño del insomnio / Dream of Insomnia
Isaac Goldemberg

33
La tempestad / The tempest
Francisco de Asís Fernández

34
Fiebre
Amarú Vanegas

35
63 poemas de amor a mi Simonetta Vespucci /
63 Love Poems to My Simonetta Vespucci
Francisco de Asís Fernández

36
Es polvo, es sombra, es nada
Mía Gallegos

37
Luminiscencia
Sebastián Miranda Brenes

38
Un animal el viento
William Velásquez

39
Historias del cielo / Heaven Stories
María Rosa Lojo

40
Pájaro mudo
Gustavo Arroyo

41
Conversación con Dylan Thomas
Waldo Leyva

42
Ciudad Gótica
Sean Salas

43
Salvo la sombra
Sofía Castillón

44
Prometeo encadenado / Prometheus Bound
Miguel Falquez Certain

45
Fosario
Carlos Villalobos

46
Theresia
Odeth Osorio Orduña

47
El cielo de la granja de sueños / Heaven's Garden of Dreams
Francisco de Asís Fernández

48
hombre de américa / man of the americas
Gustavo Gac-Artigas

49
Reino de palabras / Kingdom of Words
Gloria Gabuardi

50
Almas que buscan cuerpo
María Palitachi

51
Argolis
Roger Santivañez

52
Como la muerte de una vela
Hector Geager

53
El canto de los pájaros / Birdsong
Francisco de Asís Fernández

54
El jardinero efímero
Pedro López Adorno

55
The Fish o la otra Oda para la Urna Griega
Essaú Landa

56
Palabrero
Jesús Botaro

57
Murmullos del observador
Hector Geager

58
El nuevo gusano saltarín
Isaac Goldemberg

59
Tazón de polvo
Alfredo Trejos

60
Si miento sobre el abismo / If I Lie About the Abyss
Mónica Zepeda

61
Después de la lluvia / *After the Rain*
Yrene Santos

POETRY
COLLECTIONS

ADJOINING WALL
PARED CONTIGUA
Spaniard Poetry
Homage to María Victoria Atencia (Spain)

BARRACKS
CUARTEL
Poetry Awards
Homage to Clemencia Tariffa (Colombia)

CROSSING WATERS
CRUZANDO EL AGUA
Poetry in Translation (English to Spanish)
Homage to Sylvia Plath (United States)

DREAM EVE
VÍSPERA DEL SUEÑO
Hispanic American Poetry in USA
Homage to Aida Cartagena Portalatín (Dominican Republic)

FIRE'S JOURNEY
TRÁNSITO DE FUEGO
Central American and Mexican Poetry
Homage to Eunice Odio (Costa Rica)

INTO MY GARDEN
English Poetry
Homage to Emily Dickinson (United States)

I SURVIVE
SOBREVIVO
Social Poetry
Homage to Claribel Alegría (Nicaragua)

LIPS ON FIRE
LABIOS EN LLAMAS
Opera Prima
Homage to Lydia Dávila (Ecuador)

LIVE FIRE
VIVO FUEGO
Essential Ibero American Poetry
Homage to Concha Urquiza (Mexico)

FEVERISH MEMORY
MEMORIA DE LA FIEBRE
Feminist Poetry
Homage to Carilda Oliver Labra (Cuba)

REVERSE KINGDOM
REINO DEL REVÉS
Children's Poetry
Homage to María Elena Walsh (Argentina)

STONE OF MADNESS
PIEDRA DE LA LOCURA
Personal Anthologies
Homage to Julia de Burgos (Argentina)

TWENTY FURROWS
VEINTE SURCOS
Collective Works
Homage to Julia de Burgos (Puerto Rico)

VOICES PROJECT
PROYECTO VOCES
María Farazdel (Palitachi) (Dominican Republic)

WILD MUSEUM
MUSEO SALVAJE
Latin American Poetry
Homage to Olga Orozco (Argentina)

OTHER
COLLECTIONS

Fiction
INCENDIARY
INCENDIARIO
Homage to Beatriz Guido (Argentina)

Children's Fiction
KNITTING THE ROUND
TEJER LA RONDA
Homage to Gabriela Mistral (Chile)

Drama
MOVING
MUDANZA
Homage to Elena Garro (Mexico)

Essay
SOUTH
SUR
Homage to Victoria Ocampo (Argentina)

Non-Fiction/Other Discourses
BREAK-UP
DESARTICULACIONES
Homage to Sylvia Molloy (Argentina)

For those who think like Olga Orozco that *we are hard fragments torn from heaven's reverse, chunks like insoluble rubble turned toward this wall where the flight of reality is inscribed, chilling white bite of banishment* this book was published, March 8, 2024, in the United States of America.

www.ingramcontent.com/pod-product-compliance
Lightning Source LLC
Chambersburg PA
CBHW062013180426
43199CB00035B/2637